Die Geheimnisse des erfolgreichen Gärtners

Originaltitel: I Segreti del Giardiniere

Für die deutsche Ausgabe:

Übersetzung und Bearbeitung:
Giovanna Menhard und Dr. Marcus Würmli
Umschlaggestaltung: Christa Manner, München
Printed in Italy by Gruppo Editoriale Fabbri, Milano
ISBN 3.7735.5268.8

DIE GEHEIMNISSE DES ERFOLGREICHEN GÄRTNERS

Text von Maria Paola Amendola
Illustrationen von Agata Benedetti

Delphin Verlag

Klatschmohn

Dieses Buch ist weniger als ein weiteres Werk zum bereits umfassend und ausführlich behandelten Thema "Garten" gedacht. Es soll vielmehr eine Huldigung an eine wiederentdeckte Kunst sein, die immer mehr Menschen erfreut. Wir entschieden uns daher, eine Reihe nützlicher und auch kurioser Anregungen

mit hübschen, nostalgischen Blumen=
motiven zu einem Band zusammen=
zufassen, in dem jede Seite für sich
ein kleines Kunstwerk darstellt, so
daß das Nachschlagen praktischer
Fragen zugleich zur Augenweide wird.

Weißklee

1.
Kalender

Eine kleine
Gedächtnisstütze für all jene Arbeiten,
die Monat für Monat bei Zimmer=
und Balkonpflanzen sowie im
Blumen- und Gemüsegarten anfallen.

Januar
Christrose

Richtig: Jetzt müssen Farne und Palmen in größere Töpfe umgesetzt werden. Achten Sie darauf, die Wurzeln der Pflanzen nicht zu beschädigen, und verwenden Sie eine entsprechende Erde, zum Beispiel Universal-Gartenerde.

Die Blätter der Pflanzen sollten täglich mit reinem, nicht zu kaltem Wasser benetzt werden. Am zweckmäßigsten ist die Benutzung einer Sprühflasche.

Zugluft und zu große Temperaturschwankungen schaden Ihren Zimmerpflanzen.

Bekanntlich stellt jede Pflanze ihre ganz speziellen Ansprüche an Nährstoffe und Feuchtigkeit. Zum Düngen eignen sich am besten Flüssigdünger.

Die Erde sollte feucht, aber nicht zu naß sein. Achten Sie beim Gießen darauf!

Passend zur Pflanzen- und Blumenart sind jetzt Töpfe bzw. Pflanzkübel auszusuchen. Die Erde zum Einpflanzen kann schon jetzt vorbereitet werden. Dazu mischen Sie Kompost- und Walderde mit verrottetem Laub, Erika, Sand und Torf, in dem für die jeweilige Pflanze notwendigen Mengenverhältnis.

Terrakotta-Gefäße sind in Form und Material besonders ansprechend und Holz-, Zement- oder Kunststoffbehältern vorzuziehen.

Haben Sie im November die mehrjährigen Stauden wie die Rosen nicht gegen Frost geschützt, so sollten Sie spätestens jetzt diesen Arten eine wärmende Decke aus Laub und Torf gönnen.

Aus Pflanzenkatalogen wählen wir die neuen Blumen und Gehölze aus.

Stützen und Bindematerial für kletternde und rankende Pflanzen sowie für junge Bäume erneuern, sofern es nötig ist.

Gartengeräte ordnen und reparieren. Liste der benötigten Samen und Blumenzwiebeln erstellen.

Bäume, Sträucher und mehrjährige Stauden, falls nicht schon geschehen, mit Laub oder Torf vor Frostschäden schützen.

Kompost oder organischen Dünger auf der Rasendecke ausbreiten.

Alte Rasenflächen umstechen und Moosstellen beseitigen.

Präparieren Sie den Boden für die Frühjahrsaat (umstechen, jäten und düngen). Das gilt besonders auch für das Frühbeet.

Im Obstgarten bekommen die Bäume ihren alljährlichen Kalkanstrich: Man löst drei Kilogramm gelöschten Kalk in zehn Litern Wasser auf und gibt noch 125 Gramm Kaseinpulver dazu. Sie können aber auch sogenannte Weißanstrichmittel verwenden, die in jeder Samenfachhandlung erhältlich sind und das Anrühren der Kalkbrühe ersparen.

Abgebrochene oder beschädigte Zweige entfernen und die Schnittstellen mit Baumwachs abdichten.

Februar
Osterglocke

Pro Woche einmal sollten jetzt die Blätter der Zierpflanzen beid=seitig mit einer Mischung aus ¼ Milch und ¾ Wasser abgewaschen werden. Dies geht am besten mit einem kleinen Schwamm. Bei Pflanzen mit haarigen Blättern empfiehlt sich ein weicher, trockener Pinsel.

Alle 10 Tage das Blattwerk mit einer Lösung aus Wasser und wachstums=förderndem Mittel (10 Tropfen pro Liter) besprühen.

Primeln und Stiefmütterchen trotzen sogar dem Frost und können daher schon jetzt einge-pflanzt werden.

Hortensien auf 2 bis 3 Augen kürzen. Zweige, die im Vorjahr nicht geblüht haben, lassen wir stehen. Dafür schneiden wir alle verholzten Zweige ab.

Auch bei den Rosenstöcken hat die Schere jetzt viel zu tun: kräftige Pflanzen auf sechs bis sieben, schwache Stöcke auf zwei bis drei Augen zurückschneiden. Bei Kletterrosen alle schwachen und wilden Triebe entfernen (junge Triebe nicht beschneiden, da sie viele Blüten bilden).

Und vergessen Sie nicht, den Pflanzen etwas Dünger zu verabreichen.

Vorbereitende Arbeiten in diesem Monat: Den Boden um Bäume und Sträucher lockern und natürlichen organischen Dünger einarbeiten.

Rosenstöcke, Sommerblüher (Hibiskus, Lagerstroemia, Sommerflieder) und Kletterpflanzen (Glyzinie, Trompetenblume, Jasmin) beschneiden.

Beete für Knollengewächse und einjährige Blumen vorbereiten.

Aussaat von einjährigen Blumen in kleine Töpfe, ins Frühbeet oder Gewächshaus: Löwenmäulchen, Petunien, Studentenblumen, Zinnien, Astern und Kornblumen.

Säen Sie ins Frühbeet oder ins Gewächshaus Sellerie, Rote Beete, Tomaten, Paprika, Lauch, Zwiebeln, Kohl, Auberginen und Schnittsalat aus.

Möchten Sie einmal Knoblauch selbst ziehen? Dann stecken Sie einfach einige Knoblauchzehen 2 cm tief in die Erde.

Auch Schalotten und Erdbeerpflanzen können Sie jetzt vorziehen.

Obstbäume und Weinstöcke müssen zurückgeschnitten werden.

Falls die Witterung es zuläßt, neue Obst=bäume und Weinstöcke pflanzen. Sonst warten wir bis Anfang des nächsten Monats.

März
Duftveilchen

Philodrendron, Feigen- und Gummibaum, Wunderstrauch, Dieffenbachia und Drachenbaum wie folgt verjüngen: Den Stamm auf 20–25 cm kürzen; dabei beachten, daß mindestens zwei bis drei Triebe erhalten bleiben. Pflanze samt Erdballen aus dem Topf nehmen und die Wurzeln auf ein Drittel zurückschneiden. Dann die Pflanze in einen größeren Topf umsetzen und an einen geschützten Ort stellen. Regelmäßig gießen und gelegentlich etwas Flüssigdünger verabreichen.

Den abgeschnittenen Stamm in Stücke mit jeweils einem Trieb teilen und in sandige, stets gut feuchte Erde setzen. Sobald sich Wurzeln gebildet haben, die Setzlinge in Blumentöpfe umpflanzen. So können Sie ohne viel Mühe ihre Pflanzenpracht vermehren.

Rosen, Sträucher und Stauden sollten gegen Ende des Monats von der frostschützenden Hülle befreit werden.

Sie können Knollenbegonien gut am Zimmerfenster vorziehen. Beim Ein= pflanzen kommt die hohle Seite der Knolle nach oben. Die Erde soll nur feucht gehalten werden. Damit über= flüssiges Wasser gut abfließen kann, sorgen wir für eine Dränage aus grobem Kies oder Steinen am Topfboden. Sobald die Begonie 10 cm große Triebe entwickelt hat, wird sie in kleinen Gruppen in Töpfe gesetzt. Ins Freie kommen die Pflanzen erst in der zweiten Maihälfte.

Geranien- und Fuchsienerde erneuern und alte oder dünne Triebe entfernen.

Pflanzen Sie Bäume, Sträucher, Rosen und Heckenpflanzen ins Freie.

Befreien Sie bereits gesetzte Pflanzen von der Mulch-, Torf- oder Laubdecke.

In Gebieten mit mildem Klima kommen die am Zimmerfenster, im Frühbeet oder Gewächshaus vorgezogenen einjährigen Blumen jetzt ins Freie.

Dies gilt auch für Lilien, Dahlien, Gladiolen und andere Blumenzwiebeln.

Möchten Sie Koniferen oder immergrüne Sträucher setzen, ist es Zeit, die Pflanz=löcher auszugraben.

Setzen Sie die im Februar gesäten Gemüse ins Freie, ebenso Erbsen, Chicoree und Möhren. Sie müssen aber sicher sein, daß keine Spätfröste mehr folgen.

Behandeln Sie Beerensträucher und Obstbäume vor dem Austreiben mit Pflanzenschutzmitteln, so werden sie nicht von Pilzkrankheiten wie dem Mehltau befallen.

Die Frühjahrsdüngung für Obstgehölze steht bevor: Beerensträucher, Erdbeeren und Weinreben werden mit 200 Gramm Humusdünger oder 50 Gramm Mineral=dünger je m^2 versorgt, Äpfel und Birnen erhalten 300 bis 400 Gramm Humus=dünger oder 75 bis 100 Gramm Mineral=dünger je m^2.

April
Gartenanemone

An die Bedingungen in geschlossenen Räumen gewöhnen sich jetzt gekaufte Azaleen, Zyklamen usw. am besten, wenn man die Töpfe jede Woche für zwei bis drei Stunden in nicht zu kaltes Wasser taucht. Nach dem Herausnehmen müssen sie gut abgetropft und auf einen Untersatz gestellt werden, der eine Lage Kies oder Sand enthält, so daß das Wasser ablaufen kann. Achten Sie darauf, daß die Erde stets feucht ist.

An warmen Tagen (bis Mitte September) genießen diese Pflanzen auch einen Aufenthalt auf dem Balkon oder der Terrasse. Pralle Sonne lieben sie allerdings nicht. Ist Regen oder Gewitter angesagt, so sollte man sie wieder ins Haus bringen, damit sie keinen allzugroßen Temperaturschwankungen ausgesetzt sind.

Für regelmaßige Düngung ist zu sorgen.

Falls Sie Ihren Hortensienbestand ohne allzu große Mühe vermehren wollen, versuchen Sie diese Methode: Von einem kräftigen Zweig die oberen 10 - 20 cm abtrennen, möglichst mit einem einzigen Schnitt, und in einen Topf mit einem Gemisch aus Sand, Gartenerde und Torf stecken. Sobald sich Wurzeln bilden, den Setzling in Blumenkasten oder Töpfe umpflanzen.

Bepflanzen Sie Balkonkästen, Töpfe und Blumenkübel mit immergrünen Pflanzen sowie mit Kletterpflanzen.

Polsterpflanzen und einjährige Blumen kommen jetzt ins Freie. Achtung vor Spätfrösten!

Pflanzen Sie jetzt sommerblühende Zwiebelgewächse (in milderem Klima schon früher).

Nadelhölzer und immergrüne Sträucher werden in die im März ausgehobenen Pflanzlöcher eingesetzt.

Neu gepflanzte Bäume, Sträucher und Grünpflanzen müssen jetzt nicht mehr gewässert werden, dagegen sollten Sie Rasenflächen und den Blumengarten bei trockener Witterung jeden Morgen gründlich gießen.
Mit dem Rasenschnitt beginnen.

Schnittlauch, Basilikum, Petersilie, Majoran und andere Gewürzpflanzen aussäen.

Junge Gemüsepflanzen vom Frühbeet ins Freibeet umsetzen und mit einer Matte solange zudecken, bis sie gut angewachsen sind.

Kartoffeln in die Erde setzen.

Obststräucher gegen Blattläuse spritzen.

Neu gepflanzte Gehölze und Blumen wenn nötig gießen.

Mai
Hundsrose

Sie sollten nicht vergessen, die Erde der Topfpflanzen häufig zu lockern, denn dann kann das Gießwasser bis zu den Wurzeln vordringen, die Erde atmet, und es bildet sich keine "Kruste", in der sich gerne Parasiten einnisten.

Dem Gießwasser keine wachstumsfördernden Präparate mehr zusetzen.

Weniger empfindliche Pflanzen können jetzt tagsüber auch bei Regen ein oder zwei Stunden im Freien stehen.

Probieren Sie einmal naturnahe Mittel zur Schädlingsbekämpfung: Kernseife in lauwarmem Wasser auflösen (es sollte eine schwache Lösung entstehen) und die Rosenblätter und Triebe damit abwaschen bzw. absprühen. Oder rücken Sie Schädlingen mit Pyrethrum und Mehltaupilzen mit 4 g Kupfersulfat auf 1 l Wasser zu Leibe. Die Behandlung wöchentlich bis zum Verschwinden der Schädlinge wiederholen.

Rosen bedürfen jetzt der Schere: Schneiden Sie wüchsige Triebe von Edelrosen zurück, bei Hochstammrosen nur zurückgefrorenes Holz, um den Kronen zu formschönem Wachstum zu verhelfen.

Bei nicht dauerblühenden Kletterrosen sind nach dem Abblühen die Blüten zu entfernen.

Denken Sie daran, daß regelmäßige Düngergaben und ständige Bodenbearbeitung sowie tägliches Gießen wichtig sind.

Schneiden Sie, falls erforderlich, die Heckenpflanzen.

Abgeblühte Hyazinthen und Tulpen aus den Beeten nehmen, Zwiebeln von Erde befreien und in einem trockenen, kühlen und luftigen Raum in Kisten bis zum nächsten Pflanztermin aufbewahren.

Rosenstöcke auf Schädlinge kontrollieren. Juni- und Rosenkäfer nisten sich gerne im Innern der Blüten ein und fressen diese aus. Gegen Mehltau und Blattläuse vorgehen (siehe vorhergehende Seite).

Ziergehölze pflanzen. Letzter Termin!

Der Gemüsegarten wird jetzt häufiger gegossen als bisher. Die Beete wöchentlich von Unkraut und verdorrten Blättern befreit.

Gesäte Gemüsepflänzchen verziehen, dabei die schwachen Pflanzen entfernen.

Sind Beete freigeworden, können schnell=wachsende Arten wie Schnittsalat, Spinat, Radieschen, Petersilie usw. ausgesät werden, um fortwährend frisches Gemüse zu haben.

Den Boden rings um Obstgehölze häufig lockern, damit Regen- und Gießwasser ungehindert das Wurzel=werk erreichen.

Juni
Geißblatt

Philodendronzweige kürzen.

Direkte Sonneneinstrahlung bekommt nicht jeder Pflanze. Deshalb ist es gut, wenn Sie den Standort Ihrer Zimmerpflanzen jetzt überprüfen.

Die Erde sollte stets gut durchfeuchtet sein. Besonderes Augenmerk ist auf die Erdoberfläche zu richten, wo sich gerne Schädlinge einnisten.

Düngergaben sind nicht mehr nötig. Es genügt, mit nicht zu kaltem Wasser zu gießen. Gelegentlich sollten die Blätter abgewaschen werden, um den Staub zu entfernen.

AUF DER TERRASSE

Ihre Blumen auf Balkon und Terrasse haben in dieser Jahreszeit besonders viel Durst.

Wird die Oberfläche der Töpfe, Kästen und Kübel mit einer Schicht Torf bedeckt, so bleibt das Erdreich länger feucht.

Verblühte Sorten sind durch neue zu ersetzen, die bis zum Herbst Blumenpracht garan=tieren (z. B. Wandelröschen, Löwenmäulchen, Eisenkraut, Petunien).

Rankende und kletternde Pflanzen müssen von Zeit zu Zeit neu aufgebunden werden.

Die Samen abgeblühter Sorten einsam=meln, trocknen und in kleinen beschrifteten Tütchen oder Streichholz=schachteln aufbewahren.

Pflegen Sie den Rasen in dieser Zeit ganz besonders, vor allem durch gründliches Gießen. Rücken Sie dem Unkraut im Rasen mit Ausstechen oder Unkrautbekämpfungsmitteln zu Leibe. Bei chemischen Mitteln ist allerdings Zurückhaltung angebracht. Wichtig ist, nach dem wöchentlichen Rasenschnitt das abgeschnittene Gras sofort zu entfernen.

Wer Lust hat, kann jetzt die zweijährigen Herbstblüher säen.

Gladiolen, Dahlien und andere Zierpflanzen mit hohen Stengeln anbinden, damit sie nicht abknicken oder umfallen.

Stiefmütterchen, Goldlack, Vergißmeinnicht und Maßliebchen kaufen. Sie sind so preiswert, daß der Gartenfreund sich sogar die Mühe des Heranziehens sparen kann.

Lauch, Rosenkohl, Sellerie, Gurken, Paprika, Melonen und Grünkohl pflanzen. Bohnen entsprechend der Höhe anbinden.

Abgefallene Früchte entfernen, um der Fäulnisbildung vorzubeugen.

Vergessen Sie nicht, daß Gemüsepflanzen jetzt Düngergaben benötigen.

Obstbäume vorbeugend gegen Schädlingsbefall spritzen.

Juli
Geranie

Planen Sie eine Reise über ein verlängertes Wochenende, so sollten Sie auch an Ihre Pflanzen denken: Decken Sie die Erde mit einer nassen Schicht Moos ab. So schützen Sie die Topfpflanzen vor zu starkem Feuchtigkeitsverlust.

Die Pflanzen brauchen jetzt bis August eine Ruhepause. Düngergaben sind in diesem Monat nicht notwendig. Ansonsten gelten die gleichen Pflegehinweise wie im Juni.

Kontrollieren Sie die Blumenfenster ab und zu auf Licht- und Sonnenverhältnisse.

Entfernen Sie stets abgeblühte Blumen. Frühjahrssorten können jetzt durch Sommer- und Herbst=blumen ersetzt werden (Geranien, Petunien usw.).

Blumensamen in flache Schalen oder Töpfe aussäen, in eine Mischung aus je einem Drittel Erde, Torf und Sand. Sie können auch etwas Komposterde untermischen. Wichtig ist, daß die Erde locker, durchlässig und möglichst frei von Unkrautsamen ist. Die frisch eingesetzten Samen müssen mit Zeitungspapier oder ähnlichem vor Sonnenstrahlen geschützt und vor dem Austrocknen bewahrt werden, das heißt, die Erde muß immer gleichmäßig feucht sein.

Obstbäume sind vorbeugend gegen Schädlingsbefall mit Kupfersulfat oder anderen Mitteln zu spritzen.

Rosenstöcke einmal wöchentlich gegen Schädlingsbefall und Mehltau spritzen.

Hortensien, Azaleen, Begonien sowie Fuchsien vor dem Austrocknen schützen. Mulchen oder eine Schicht Torf um den Wurzelbereich streuen.

Auch die Heckenpflanzen haben Durst. Regelmäßiges Gießen ist deshalb angebracht. In diesem Monat tritt die Heckenschere in Aktion.

Größere Dahlienkronen erreicht man durch Entfernen der schwächeren Knospen.

Schnittblumen für die Vase nur am frühen Morgen oder nach Sonnenuntergang schneiden.

Und nicht vergessen: täglich den Garten gründlich gießen!

Säen Sie jetzt Winterendivien.

Knoblauch aus der Erde nehmen und vor dem Lagern gut trocknen lassen.

Reife Früchte am frühen Morgen oder spätabends mit einem Obstpflücker ernten.

Angeschlagenes oder faules Obst sofort entfernen, um Fäulnisbildung und Ansteckung von gesunden Früchten auszuschließen.

Mit zunehmender Hitze die Wasser= menge beim Gießen erhöhen.

August
Seerose

Sie erleichtern sich die Arbeit, wenn Sie alle Topfpflanzen in ein helles Zimmer stellen.

Sorgen Sie für die Pflege der Blumen während des Urlaubs. In guten Fachgeschäften berät man Sie gerne über die verschiedenen Möglichkeiten wie spezielle Untertöpfe mit Wasserreserve, Wollfadenmethode usw.

Am einfachsten löst man das Problem natürlich, wenn ein Freund oder Nachbar die Pflege während der Abwesenheit übernimmt.

Soweit nötig, zweimal täglich gießen, vormittags und abends.

Rosenblüten gleich nach dem Verblühen entfernen. Wilde Triebe abschneiden.

Lockern Sie das Erdreich der Topf- und Kübelpflanzen regelmäßig.

Ihre Balkon- und Terrassenpflanzen brauchen auch jetzt Nährstoffe, da durch das häufigere Gießen ein Großteil der im Erdreich enthaltenen Mineralien ausgeschwemmt wird.

Da verblühte Blumen keinen schönen Anblick bieten, muß auch im Garten alles Welke abgeschnitten werden.

Der Boden ist gründlich zu lockern, der Rasen gegebenenfalls gegen die häßlichen gelben Flecken zu behandeln, zum Beispiel mit einem Kupferspritzmittel.

Pfingstrosen kommen jetzt in die Erde.

Wasserbecken und Teiche von welken Blättern und verblühten Blumen befreien, um einer Verschmutzung des Wassers vorzubeugen.

Den Garten je nach Notwendigkeit zweimal täglich gießen, frühmorgens und bei Sonnenuntergang.

Säen Sie Wintersorten wie Spinat, Schnittmangold, Schnitt- und Pflücksalat, Kohlrabi, Grünkohl und Feldsalat.

Den noch nicht erntereifen Gemüsesorten wie Sellerie, Lauch und Möhren können Sie jetzt durch Düngergaben auf die Sprünge helfen.

Thymian, Minze und Majoran teilen und dadurch vermehren.

Beim Gießen Tomaten und Gurken nicht vergessen.

September
Zierwinde

Regelmäßige Düngergaben und Besprühen der Blätter wiederaufnehmen.

Färben sich die Blätter von Zimmerpflanzen gelb, so sind sie mit einer Lösung aus 4 g Eisensulfat pro Liter Wasser zu behandeln.

Zimmerpflanzen gehören nach dem 15. September nicht mehr ins Freie, denn der kalte Regen könnte ihnen schaden.

Sinkt die Außentemperatur stark ab, so sind die Fenster nachts und bei Gewitter zu schließen, um die Zimmerpflanzen zu schützen.

Rankende und kletternde Pflanzen sowie im Oktober oder November zu pflanzende Sträucher jetzt beim Gärtner bestellen.

Sammeln Sie herabfallende Blätter von Kletterpflanzen und das Laub der Gehölze, um damit empfindliche Sorten vor dem ersten Frost zu schützen.

Wir entfernen regelmäßig verblühte Blumen von zweijährigen Pflanzen. So können sich neue Knospen bilden, die bis in den Spätherbst hinein den Balkon verschönern.

Es genügt, wenn Sie jetzt lediglich einmal täglich gießen.

Forsythien durch Stecklinge oder Absenker vermehren.

Zweijährige Pflanzen wie Bartnelken, Königskerzen, Glockenblumen, Stief=mütterchen und Maßliebchen pflanzen.

Hecken wenn nötig schneiden.

Den Garten nur mehr nach Bedarf gießen.

Sollten Sie im August nicht dazu gekommen sein, so müssen Sie jetzt in der ersten Monatshälfte Rote Beete, Wirsing, Grünkohl, Lauch, Petersilie, Spinat, Feldsalat und Wintermöhren pflanzen.

Gurken, Auberginen, Tomaten und Kürbisse brauchen im September eine Nährstoffgabe in Form von Flüssig= dünger. Sie werden mit einem besseren Erntertrag belohnt.

Küchenkräuter ernten und eventuell in Töpfe umpflanzen oder trocknen.

Beerensträucher auslichten.

Oktober
Gartennelke

Lassen Sie von Zeit zu Zeit den Blättern der Zimmerpflanzen eine Behandlung mit Blattspray zukommen. Halten Sie dabei die Dose in 30 cm Abstand.

Aralie, Schusterpalme, Clivie und Drachenbaum gegen Parasiten spritzen.

Pflanzen Sie Tulpen, Narzissen, Krokusse und Hyazinthen in Töpfe und Tröge.

Hortensien und Kamelien mit sauberem Stroh gegen den ersten Frost schützen.

Blumenzwiebeln und Knollen (Dahlien, Gladiolen, Gloxinien) gehören ins Winterquartier, ebenso frostempfindliche Kübelpflanzen.

Zweijährige Blumen wie Margeriten, Stiefmütterchen und Leinkraut in Töpfe säen und auf die Fensterbank stellen.

Rhododendron, Azaleen, Lorbeer, Efeu, Magnolien und andere Gehölze mit ledrigen Blättern pflanzen.

Lilien, Tulpen und andere Blumenzwiebeln gehören spätestens jetzt in die Erde.

Anfallendes Laub sammeln und kompostieren.

Befreien Sie Blumenbeete von Unkraut und Blättern und lockern Sie den Boden, damit der Frost in die Krume eindringen kann. Vergessen Sie das Düngen nicht.

Empfindliche Stauden und Frühblüher gegen Frost schützen.

Wenn Sie den Rasen jetzt noch schneiden, können Sie das abgeschnittene Gras als Schutz gegen die Winterkälte liegen lassen.

Pflanzen Sie nur noch winterharte Sorten wie Rosenkohl, Grünkohl, Feldsalat, Spinat und Schwarzwurzeln. Erdbeerpflänzchen fürs nächste Jahr setzen.

Das letzte Obst von den Bäumen pflücken und in Kisten an einem trocknen, luftigen und kühlen Ort lagern.

Bereiten Sie den Boden für das Frühjahr vor und stechen Sie die Beete um.

November

Gärtnerchrysantheme

Sie sollten zum Gießen Ihrer Zimmerpflanzen abgestandenes, nicht zu kaltes Wasser verwenden, dem etwas Flüssigdünger beigemischt wurde. Es eignet sich während der Wintermonate besonders gut.

Vermeiden Sie Zugluft in den Räumen, in denen Ihre Pflanzen überwintern.

Pflanzen nur nach Bedarf und nach deren Ansprüchen gießen.

Pflanzen, die ihre Blätter im Winter nicht abwerfen, wie Oleander, Lorbeer und andere immergrüne Sorten, wollen auch in der kalten Jahreszeit gegossen werden (circa alle 14 Tage). Überwintern sie in einem Raum mit Temperaturen über 10° C, so sollte man öfters, und zwar wöchentlich, ein wenig Wasser in das Pflanzgefäß geben.

Parasiten nisten sich gerne unter Bäumen, Sträuchern und im Laub ein. Daher sollten Sie welke Blätter vor dem Wintereinbruch beseitigen.

Sträucher und Gehölze in die vorbereiteten Pflanzlöcher bringen.

Die Wasserbecken der Wasserpflanzen sind zu entleeren. Auf dem Boden eine Mischung aus Torf und Sand verteilen.

Pflanzzeit für Obstbäume und Beerensträucher ist noch der ganze Monat November.

Schützen Sie junge Bäume vor Hasen, Wildkaninchen, Rehen und anderen ungebetenen Gästen durch einen Maschendraht.

Die spätherbstliche Düngung kann jetzt vorgenommen werden. Dazu eignen sich Komposterde, organischer Dünger mit Torf und Sand vermischt oder andere, im Fachhandel erhältliche Präparate.

Zum Abdecken der Gemüsebeete eignen sich Strohmatten, Mulchdecken oder mit=wachsende Folie.

Dezember
Stechpalme

Regelmäßige Düngergaben im Abstand von 14 Tagen helfen Ihren Zimmerpflanzen, den Winter zu überstehen.

Die Zimmertemperatur sollte 18 - 20° C nicht übersteigen. Stellen Sie die Pflanzen nicht zu dicht an die Heizung. Die Heizungsluft schadet ihnen.

Zimmerpflanzen lieben einen festen Standort. Vermeiden Sie deshalb zu häufiges Umstellen.

In diesem Monat gibt es auf Balkon und Terrasse nicht sehr viel zu tun. Sie sollten aber Spaliere sowie Rank- und Stützhilfen auf Schäden untersuchen und reparieren.

Die Kübelpflanzen im Winterquartier müssen in regelmäßigen Abständen etwas gegossen werden. Sie danken es Ihnen im nächsten Frühjahr mit großartiger Blumenpracht.

Rosen, Rhododendren und Blumenzwiebeln erhalten eine schützende Decke aus Fichtenzweigen.

Laub darf nur zum Abdecken des Wurzelbereichs immergrüner Gehölze verwendet werden.

Gehen Sie in Ruhe durch Ihren Garten und notieren Sie alle Arbeiten, die über den Winter erledigt werden müssen oder im nächsten Frühjahr anfallen (Neuanstriche, Reparaturen usw.).

Rechen, Schaufel, Hacke und alle anderen Gartengeräte säubern, trocknen und ordnen. Eine Liste der neu anzuschaffenden Geräte anlegen.

Erneuern Sie den Bestand an Dünge- und Pflanzenschutzmitteln.

Fordern Sie jetzt die neuen Pflanzenkataloge an, um in Ruhe Ihre Auswahl zu treffen.

2. Notizen

Wissenswertes über 16 Zimmerpflanzen, 16 Blumenarten, und 16 Gemüsesorten nebst einigen nützlichen Tabellen.

Ein üppiges Blumenfenster

Begonie
(Begonia rex)

Bevorzugter Platz ist ein helles Nordfenster ohne direktes Sonnenlicht. Während des Wachstums immer gut feucht halten, dabei nicht die Blätter gießen. Ein- bis zweimal wöchentlich düngen.

Ligurische Glockenblume
(Campanula isophylla)

Liebt sonnigen Standort und reichliches Gießen. Mehrmals wöchentlich düngen. Im Frühjahr zurückschneiden.

Grünlilie
(Chlorophytum elatum)

Wächst überall. Muß regelmäßig gegossen und einmal wöchentlich gedüngt werden.

Buntnessel
(Coleus blumei)

Bevorzugt helle Fensterplätze. Reichlich gießen und ein- bis zweimal wöchentlich düngen. Vermehrung durch Stecklinge.

Dieffenbachie
(Dieffenbachia picta)

Trockene Luft, Luftzug und direktes Sonnenlicht ver= meiden. Im Sommer gut gießen. Ein- bis zweimal wöchentlich düngen.

Fingeraralie
(Dizygotheca elegantissima)

Braucht nicht sehr viel Licht, fürchtet aber Temperatur= schwankungen. Nur spärlich gießen, vor allem im Winter. Während der Sommermonate genügt wöchentliches Wässern.

Birkenfeige
(Ficus benjamina)

Idealer Standort: Halbschatten. Reichlich gießen. Ein- bis zweimal wöchentlich düngen.

Gummibaum
(Ficus elastica "Decora")

Ist für ein Tauch= bad alle 14 Tage dankbar. Blätter häufig besprühen und reinigen. Blattdüngung im Sommer. Direktes Sonnenlicht ver= meiden. Ein- bis zweimal wöchentlich düngen.

Croton
(Codiaeum va=
riegatum "Pictum")

Trockene Luft ver=
meiden. Idealer
Standort: Ein heller
Platz ohne direktes
Sonnenlicht. Regel=
mäßig, aber nur
wenig gießen.
Wöchentliche
Düngung.

Philodendron
(Monstera deliciosa)

Muß an einem
hellen Westfenster
stehen. Luftwurzeln
nicht kürzen. Wenig,
aber regelmäßig
gießen. Ein- bis
zweimal wöchentlich
düngen. Blätter
gründlich reinigen.

Topfazalee
(Rhododendron simsii)

Liebt ein kühles
und helles Plätzchen
Mit abgekochtem
Wasser gießen. Das
Erdreich darf
niemals ganz
trocken werden.
Wöchentliche
Düngung.

Usambaraveilchen
(Saintpaulia jonantha)

Heller Standort,
ohne direkte Sonne.
Beim Gießen nicht
die Blätter
befeuchten. Ruhe=
periode nach dem
Abblühen.
Wöchentlich düngen.

Bogenhanf
(Sansevieria tri= fasciata "laurentii")

Im Frühjahr und Sommer 14 tägig gießen, im Winter seltener. Wöchentlich düngen. Die Zimmer= temperatur sollte nicht unter 15° C liegen.

Efeutüte
(Scindapsus aureus)

Direkte Sonne ver= meiden, ebenso zu feuchtes Erdreich. Nur Blattwerk und Moos besprühen. Wöchentliches Düngen genügt.

Einblatt
(Spathiphyllum wallisii)

Liebt hellen Standort ohne direktes Sonnenlicht. Regelmäßig gießen. Düngung: einmal wöchentlich.

Kranzschlinge
(Stephanotis floribunda)

Idealer Standort: ein helles Westfenster. Braucht reichlich Wasser. Im Sommer ein- bis zweimal wöchentlich düngen. Legt im Winter eine Ruhepause ein.

Gartenpflanzen

° GEHÖLZE °

BÄUME	Laubabwerfende Bäume (Ahorn, Ulme...) Immergrüne Bäume (Stechpalme...) Nadelbäume (Tanne, Fichte, Lärche...)
STRÄUCHER	Laubabwerfende Sträucher (Hortensien...) Immergrüne Sträucher (Lorbeer, Buchsbaum...) Zwergnadelgehölze (Wacholder...) Kletterpflanzen (Glyzinien, Jasmin...)

° BLUMEN °

EINJÄHRIGE	Astern, Kapuzinerkresse, Zinnien, Portulak, Petunien ...
ZWEIJÄHRIGE	Margeriten, Leinkraut, Stiefmütterchen ...
MEHRJÄHRIGE	Gazanien, Märzveilchen, Garten= primeln ...
MIT UNTERIRDISCHEN SPROSSEN	Blumenzwiebeln (Tulpen, Krokusse ...) Knollen (Alpenveilchen, Begonien ...) Wurzelstöcke (Maiglöckchen, Pfingstrosen ...)

° ZIERPFLANZEN °

DICKFLEISCHIGE	Agaven, Wolfsmilch, Kakteen ...
WASSERPFLANZEN	Seerosen, Papyrus, Lotosblume ...
FARNE	Streifenfarn, Frauenhaar ...
PALMEN	Zwergpalme, Kokospalme, Dattelpalme ...
ZIMMER= PFLANZEN	Efeutüte, Drachenbaum, Gummibaum, Zwergpfeffer ...

Ein
blühender
Garten

Akelei (Aquilegia vulgaris)

Mehrjähriges Hahnenfußgewächs mit glockenähnlichen Blüten. Blütezeit Juni. Liebt lichten Halbschatten, aber auch Sonne. Gedeiht gut in feuchtem, humusreichem Boden.

Knollenbegonie (Begonia tuberhybrida)

Mehrjähriges Knollengewächs. Es gibt gefüllte und ungefüllte, buschige und hängende Sorten in vielen Farben. Blütezeit Juni bis Oktober. Liebt Halbschatten. Regelmäßig gießen (zu feuchten Boden vermeiden). Begonien brauchen eine Mischung aus Torf, Erde und Sand.

Maßliebchen (Bellis perennis)

Reizende Gartensorten unseres einheimischen Gänseblümchens mit weißen oder rosa Blüten. Höhe 10-15 cm. Blütezeit im Frühjahr und Sommer. Liebt das Sonnenlicht und guten, feuchten Boden.

Bougainvillea (Bougainvillea)

Kletternde Pflanze, die bis zu 5 m hoch wird und im Herbst die Blätter abwirft. Blütezeit: Frühling bis Sommer oder Sommer bis Herbst. Liebt schattigen Standort und reichliches Gießen. Gedeiht in jedem Boden, ist aber sehr kälteempfindlich.

Kamelie (Camellia japonica)

Immergrüne Kletterpflanze, die bis zu einer Höhe von 5 m rankt. Je nach Sorte blüht sie von Frühjahr bis Herbst. Gedeiht im Halbschatten. Muß regelmäßig gewässert werden. Braucht sauren Boden mit Laubkompost. Bei uns fast nur als Topfpflanze.

Dahlie (Dahlia)

Es gibt sie in zahlreichen Farben und Formen. Sie gehören zur Familie der Korbblütler. Blütezeit: Sommer bis Herbstende. Dahlien gedeihen überall, lieben aber humusreichen und durchlässigen Boden. Regelmäßig und gründlich gießen.

Bartnelke (Dianthus barbatus)

Mehrjährige Sommerblume mit zahlreichen kleinen Blüten. Höhe 20-25 cm. Blütezeit: Frühjahr bis Herbst. Sie lieben die Sonne und kalkhaltigen, sandigen Boden. Es genügt, sie zwei- bis dreimal wöchentlich zu gießen.

Hibiskus (Hibiscus)

Typische Malvengewächse mit wunderschönen einfachen oder gefüllten Blüten. Ziemlich anspruchsvoll. Verliert die Blätter im Herbst. Blütezeit: August bis September. Braucht viel Wasser. Gedeiht in humusreichem, durchlässigem Boden.

Hortensie (Hydrangea hortensis)

Zierstrauch mit weißen, rosa oder blauen Blüten. Verliert die Blätter im Herbst. Blütezeit Juli bis September. Liebt vor allem halbschattige Plätze und ziemlich feuchten Untergrund. Gedeiht am besten in gut gedüngtem Boden, der mit Kompost oder Torf angereichert ist.

Trichterwinde, Prunkwinde (Ipomoea)

Rasch kletternde einjährige Rankpflanze. Höhe 3-4 m. Es gibt sie in vielen Farben. Die trichterförmigen Blüten erfreuen den Garten= freund den ganzen Sommer über. Bevorzugt ein sonniges Plätzchen und nährstoffreichen, lockeren und feuchten Boden.

Wohlriechende Wicke (Lathyrus odoratus)

Ein- oder mehrjährige Sommerblume aus der Familie der Schmetterlingsblüter. Es gibt hochrankende und niedrige buschige Sorten. Sie sind besonders ihres herrlichen Duftes und der Farbenpracht wegen beliebt. Standort: Sonne oder Halbschatten. Nahrhafter, durch= lässiger Boden bekommt ihnen besonders gut.

Geißblatt (Lonicera caprifolium)

Mehrjährige Kletterpflanze mit länglichen Blättern und stark duftenden Blüten. Es gibt sie in verschiedenen Sorten und Farben. Blütezeit: Mai bis Juni. Bevorzugt Halbschatten oder Schatten. Gedeiht auf jedem Boden und muß zweimal wöchentlich gegossen werden.

Geranie (Pelargonium)

Mehrjährige Arten und Sorten mit oftmals runden Blättern und Blütendolden. Sie blühen von Frühjahr bis Herbst und lieben Sonne, häufiges Gießen und gedüngten, lockeren Boden.

Bleiwurz (Plumbago capensis)

Kletterpflanze mit blauen Blüten, die bis zu 4 m hoch wird. Blütezeit: Juni bis Oktober. Liebt sonnigen, windgeschützten Standort. Gedeiht nur in mildem Klima und gut gedüngtem Boden. Regelmäßiges Gießen erforderlich.

Portulak (Portulaca grandiflora)

Einjährige Blume mit einfachen oder gefüllten Blüten in verschiedenen Farben. Vermehrt sich durch Samen und blüht von Juni bis Oktober. Bevorzugt sonnigen Standort. Begnügt sich mit wenig Wasser und liebt gutgedüngten, lockeren Boden.

Studentenblume (Tagetes)

Einjährige Sommerblume, die in verschiedenen Höhen, Formen und Blüten erhältlich ist. Ihre Farbenskala umfasst alle Gelb- und Orangetöne. Standort: Sonne. Gedeiht in jedem Boden. Braucht regelmäßiges Gießen

Wie hoch werden die Pflanzen?

Pflanztiefe von Zwiebelpflanzen

Ein kleiner
Gemüsegarten

Zwiebel (Allium cepa)

Im Frühling Steck=zwiebeln ins Beet pflanzen. Nach der Ernte im Spätsommer folgt eine zweite Kultur, am besten in Mischkultur mit Feldsalat und Spinat.

Knoblauch (Allium sativum)

Im Frühjahr Knoblauch=zehen 10 cm tief in trockenen Boden stecken. Reihenabstand 25 cm. Erntezeit: Juli bis August, wenn die Blätter ver=trocknet sind.

Sellerie (Apium graveolens)

Pflanzzeit ins Freibeet: Ab Mitte April. Pflanzabstand 20 cm, Reihenabstand 40-50 cm. Sobald die Pflanze 40-50 cm hoch ist, zu Dreiviertel mit Erde bedecken, damit die Knolle zarter wird.

Blumenkohl (Brassica oleracea botrytis cauliflora)

Pflanzzeit: Mai für die Herbsternte, Juli für die Winterernte. Pflanzab=stand 50 cm. Bevorzugt gut gedüngten, feuchten Boden.

Gurke (Cucumis sativus)

Nach den Eisheiligen in ein sonniges, windgeschütztes Beet pflanzen: Je 3-4 Samen im Abstand von 20 cm 3-4 cm tief in die Erde legen. Rankhilfe anbringen. Wenn Sie nach dem Erscheinen des 4. Blattes die Spitzen herauskneifen, erhalten Sie viele reichtragende Seitentriebe.

Artischocke (Cynara scolymus)

Wurzeltriebe der Vorjahrespflanzen im Oktober bis November in 25 cm tiefe gedüngte Pflanzlöcher bringen. Pflanzabstand 70 cm. Reife Artischocke über dem Boden abschneiden.

Möhre (Daucus carota)

Im April in Reihen ins Freibeet säen. Die jungen Pflänzchen auf maximal 12 Stück pro Meter verziehen. Boden stets gut feucht halten. Während des Wachs= tums düngen.

Fenchel (Foeniculum vulgare dulce)

Im Juli in lockeren Boden säen. Regelmäßig gießen und später die Pflanzen auf 15 cm Abstand auslichten. Die Knollen mit Erde bedecken, damit sie weiß bleiben.

Salat (Lactuca sativa)

Frühsorten im März säen, Sommer- und Herbstsorten vom April bis Juni, Wintersalat vom August bis September. Die Pflänzchen auf 25 cm Abstand auslichten, wenn sie 3 bis 4 Blätter haben. Salat braucht lockeren, gut gedüngten Boden.

Basilikum (Ocimum basilicum)

Im Frühjahr auf der Fensterbank vorziehen, im Sommer an warmem Standort direkt ins Freiland säen. Junge Pflänzchen auslichten. Pflanzabstand 20 cm.

Petersilie (Petroselinum hortense)

Die Samen 2 bis 3 Tage lang in feuchten Sand legen, dann von Mitte Mai bis Ende des Sommers ins Freibeet säen. Für eine ganzjährige Ernte Aussaat alle 3 Wochen wiederholen.

Stangenbohne (Phaseolus vulgaris)

Von Mitte Mai bis August in Reihen pflanzen. Die Rankstangen in 50 x 100 cm Entfernung voneinander senkrecht in den Boden eingraben. Um die Stangen einen engen Kreis ziehen und 6 bis 8 Samen in 3 cm tiefe Furchen legen.

Erbse (Pisum sativum)

Nach den Eisheiligen pflanzen. Bei hohen Sorten Rankhilfen (Maschendraht, Reiser, Drahtgeflecht) anbringen. Samen 5 cm tief mit 2-3 cm Zwischenraum in Reihen legen.
Reihenabstand 40 cm.

Tomate (Solanum lycopersicum)
Boden gut lockern und düngen. Pflänzchen auf der Fensterbank vorziehen und ab Mitte Mai ins Freie setzen. Reihenabstand 50-80 cm. Holz- oder Eisenstab zum Anbinden in den Boden schlagen.

Kartoffel (Solanum tuberosum)
Den Boden im Herbst umstechen und düngen. Ab April-Mai pflanzen. Pflanzlöcher im Abstand von 35 cm ausheben und in 5 cm Tiefe eine Kartoffel in die Erde legen.
Reihenabstand 40-50 cm. Nach dem Aufgehen die Reihen anhäufeln.

Saubohne (Vicia faba)

In lockeren, gut gedüngten Boden in Reihen von 50 cm Abstand jeweils 3-5 Samen in ein kleines Erdloch legen, Pflanzabstand 40 cm.
Anfang Mai nochmals düngen, um die Pflanzen zu kräftigen.

Kleiner

JANUAR: Absolute Ruhe.

FEBRUAR: Absolute Ruhe.

MÄRZ: Nach dem Entfernen der Winterabdeckung sofort zurück=schneiden.

APRIL: Vor dem Austreiben düngen und gießen. Schädlingsbefall und Pilzkrankheiten vorbeugen.

MAI: Regelmäßig gegen Mehltau, Sternrußtau und Schildläuse spritzen. Regelmäßig gießen. Flüssigdüngergaben vor und während der Blüte.

JUNI: Wilde Triebe entfernen, ver=welkte Blüten vom Stengel abschneiden. Den Boden um den Wurzelbereich gut lockern. Jeden 2. oder 3. Tag, je nach Temperatur und Standort, gießen.

Rosenkalender

JULI : Bei großer Hitze eine Schicht Torf um den Wurzelbereich legen, damit die Feuchtigkeit länger vorhält. Niemals Blätter, Blüten oder Triebe gießen.

AUGUST : Das Holz der Rosen muß ausreifen, um den Winter ohne Frostschäden zu überstehen. Jetzt weder düngen noch übermäßig wässern.

SEPTEMBER : Wie während des Austriebs und der Blüte verfahren.

OKTOBER : Nur mehr in großen Abständen gießen. Neue Rosenstöcke setzen.

NOVEMBER : Vor dem ersten Frost durch Anhäufeln mit Erde, Fichten- oder Tannenreisig, Laub- oder Strohmantel schützen.

DEZEMBER : Absolute Ruhe.

Gartengeräte

Spaten	Zum Umstechen von Erde und Ausheben größerer Pflanzlöcher.
Schaufel	Zum Verteilen von Erde und Kies.
Rechen	Zum Glätten von Erde und Kies und zum Entfernen von auf der Oberfläche liegendem Unkraut.
Pflanzkelle	Zum Umpflanzen mit Wurzel= ballen.
Pflanzholz	Zum Einpflanzen von Zwiebel- und Knollengewächsen.
Rasenmäher	Zur Pflege des Rasens. Es gibt Handrasenmäher oder elektrische Rasenmäher in den verschieden= sten Ausführungen.
Regner	Es gibt einfache Regner, wie den Gartenschlauch mit Sprühaufsatz, bis hin zu Bewässerungsanlagen für größere Gartenflächen.
Gießkanne	Zum Bewässern von Balkon- und Terrassenpflanzen und kleinen Gärten.
Gartenschere, Sichel, Harke Rosenzange	Für alle anfallenden Gartenar= beiten.
Heckenschere	Zur Pflege von Heckenpflanzen.
Baumschere	Zum Beschneiden von Bäumen und Gehölzen.

3. Kuriositäten

Wissenswertes
und Heiteres aus der
Welt der Pflanzen.

Blumen im Zeichen der Sterne
1. WASSERMANN 21.1.-19.2. Anemone
2. FISCHE 20.2.-20.3. Narzisse
3. WIDDER 21.3.-20.4. Hyazinthe
4. STIER 21.4.-20.5. Flieder
5. ZWILLINGE 21.5.-20.6. Eisenkraut
6. KREBS 21.6.-22.7. Schwertlilie
7. LÖWE 23.7.-23.8. Geranie
8. JUNGFRAU 24.8.-23.9. Jasmin
9. WAAGE 24.9.-23.10. Veilchen
10. SKORPION 24.10.-23.11. Erica
11. SCHÜTZE 24.11.-22.12. Christrose
12. STEINBOCK 23.12.-20.1. Mimose

Die alten Römer schmückten ihre Tafel stets mit Veilchensträußen, um sich dadurch vor Trunkenheit zu schützen.

Die ursprünglich aus Ostasien stammende Hortensie gelangte gegen Mitte des 16. Jahrhunderts erstmals nach Europa, und zwar nach England. Es vergingen zehn Jahre, bis die Engländer die erste Blüte bewundern konnten.

In China nennt man die Pfingstrose «Hundert Unzen Gold», da nur die Reichen diese schöne Blume ziehen durften. Eine einzige Pfingstrose kostete bis zu 100 Stück Goldbrokat.

In angelsächsischen Ländern sind die Chrysanthemen ein Sinnbild für Glück. Wenn ein Mexikaner sie schenkt, erklärt er damit seine Liebe.

Die Art Pelargonium macranthum wurde zu Ehren des belgischen Königs «Leopold - Geranie» genannt, weil er diese Blume besonders gern hatte.

• PELARGONIUM •
• MACRANTHUM •

Es war der bekannte schwedische Naturforscher Carl von Linné, der eine Blume zu Ehren des Jesuitenpaters Georg Joseph Camel «Camellia» nannte.

Es heißen Menschen wie Blumen ...

Anemone
Clivia
Erika
Hortensie
Hyazinth
Iris
Jasmin
Liane
Margarethe
Melissa
Primula
Rose
Viola

Pflanzen wie Menschen ...

Adonisröschen
Barbarakraut
Flammendes Käthchen
Fleißiges Lieschen
Gretel im Busch
Hedwigsmoos
Jakobsleiter
Judassilberling
Klettermaxe
Ruprechtskraut
Salomonssiegel
Schwarzäugige Susanne
Venusfarn

UND PFLANZEN WIE TIERE ...

Bärenklau
Entengrütze
Ferkelkraut
Fliegenstendel
Flöhkraut
Froschlöffel
Gänseblümchen
Geißblatt
Habichtskraut
Hahnenfuß
Hasenglöckchen
Hundspetersilie

Katzenpfötchen
Kuckucksblume
Löwenmäulchen
Löwenzahn
Mäusedorn
Natternkopf
Roßminze
Schafgarbe
Schlangenlauch
Storchschnabel
Wanzendill
Wolfsmilch

Homer erzählt in der Ilias, der von Herakles tödlich verletzte Pluto sei vom griechischen Arzt Paeon (davon leitet sich der Name der Päonie ab) durch Auflegen von Pfingstrosenblättern geheilt worden.

Iris

Das erste Wappen von Florenz zeigte eine weiße Iris auf rotem Feld. Im Jahr 1251 vertauschten die siegreichen Welfen die Farben.

Kamelie

In Italien wurde die erste Kamelie am Hofe von Caserta im 18. Jahrhundert gezogen.

Den ersten
Hochzeitsstrauß trug
ein junges Mädchen
im 15. Jahrhundert.

Der Naturforscher Carl von Linné beobachtete das Aufblühen verschiedener Blumen …

... und entwarf danach eine Uhr, die als Blumenuhr bekannt wurde.

Efeu
Die Asche verbrannter Efeu=ranken eignet sich aus-gezeichnet zum Silberputzen.

Die Franzosen nannten die Atlasblume oder Godetie «azalée du pauvre», also «Azalee des armen Mannes», weil ein großer Strauß dieser Blumen zwar an schön erblühte Azaleen erinnert, aber erheblich billiger ist.

Auf Befehl der russischen Zarin Katharina mußte ein Soldat auf einem Platz in Petersburg ständig eine aufgeblühte Nelke bewachen.

Früher wurden die Blätter der Königskerze zur Herstellung von Öllampendochten verwendet.

Wenn man von Pflanzen träumt

BLUME	TRAUM	BEDEUTUNG
Schneeglöckchen	Im Freien blühende	Eine Liebesgeschichte steht bevor
Kaktus	Sich an einem Stachel verletzen	Ende einer Freundschaft
Geißblatt	Einen Zweig abbrechen	Frieden in der Familie
Krokus	Einen Strauß pflücken	Unerwartete Einnahmen
Efeu	Eine bewachsene Mauer sehen	Gute Gesundheit
Geranie	Geschenkt bekommen	Dauerhafte Treue
Gladiole	Durch ein Beet gehen	Aussicht auf einen Arbeitsplatz

Wenn man von Pflanzen träumt

BLUME	TRAUM	BEDEUTUNG
Narzisse	Die Blüten abreißen	Trennung
Brennessel	Sich daran brennen	Erfolg
Pfingstrose	Daran riechen	Selbstkritik üben
Petersilie	Daran riechen	Echte Freundschaften
Rose	Eine Rose ge= schenkt bekommen	Glühende Leidenschaft
Sellerie	Einen Stengel essen	Wichtige Aufgabe
Veilchen	Ein Veilchen pflücken	Schwierige Phase

In der Mythologie erinnert die Hyazinthe an den jungen Hyakinthos, der unglückseligerweise von Apoll getötet wurde. Die Sage erzählt, daß aus der mit seinem Blut getränkten Erde die ersten Hyazinthen wuchsen.

Das Veilchen war das Erkennungszeichen der Anhänger Napoleons.

Die ersten Dahlien wurden 1789 von Mexiko aus nach Madrid gesandt und als genießbare Knollen deklariert. Erst später fand diese Blume ihre Verbreitung als Zierpflanze in ganz Europa.

Cosimo von Medici besaß als erster Italiener eine Jasminpflanze und ordnete an, daß sie nur im Botanischen Garten von Florenz gezüchtet werden dürfe.

Zu Ehren von Johann Wolfgang Goethe wurde ein Malvengewächs Goethea genannt.

Die Kosmee trägt ihren Namen ihrer Schönheit wegen, denn das griechische Wort kosmos bedeutet Schmuck. Es war der spanische Botaniker Antonio Cavanilles, der ihr diesen Namen gab.

DER BLUMEN – KNIGGE

Blumen werden zu allen offiziellen Anlässen (Taufe, Vermählung, Geburt usw.), als Geste des Dankes oder als Liebesbeweis geschenkt. Und natürlich gibt es für jede dieser Gelegenheiten die passenden Blumen...

Zur Taufe: Weiße oder zart getönte, jedoch nicht zu stark duftende Blumen (wie Flieder, Rosen, Nelken, Gladiolen) am Vortag der Taufe schicken.

Zur Vermählung: Geeignet sind weiße oder rosafarbene Blumen, aber auch blühende Topf- oder Grün=pflanzen. Auch hier wird das Gebinde am Tag vor dem Fest geschickt.

Zur Verlobung: Einen Strauß fröhlich-bunter und duftender Blumen auswählen.

Zur Geburt: Der Blumengruß sollte kein voluminöses Gebinde, sondern ein kleines Bouquet aus nicht stark duftenden Blumen sein, wobei zu bedenken ist, daß er ge=wöhnlich ins Krankenhaus gesandt wird.

Bei Einladungen: Ist die einladende Hausfrau keine gute Bekannte oder Freundin, wird der Strauß nicht persönlich überreicht, sondern entweder einige Stunden vorher oder am Tag nach der Ein= landung per Boten überbracht.

An Feiertagen wie Ostern, Weihnachten oder Pfingsten schenkt man älteren, eher konservativen Personen Rosen, Orchideen oder hübsch blühende Topfpflanzen. Jüngere Bekannte oder Freunde freuen sich über Anemonen, Nelken, Tulpen oder Fresien, also an einfacheren und nicht so kost= spieligen Blumengrüßen.

Carl von Linné nannte den Leberbalsam Ageratum, weil die Blumen nie zu welken scheinen. Ageratum geht auf das griechische

"ageraios" zurück, das "alterslos" bedeutet.

Die am häufigsten zur Parfümherstellung verwendeten Jasminsorten heißen Grandiflorum und Sambac.

In China trocknet man die Blätter des Eibischs oder Hibiskus und braut daraus durststillende Getränke.

Giftige Pflanzen und Blumen

ART	GIFTIG	SYMPTOME
Krokus	Zwiebel, Samen	Störung des Nervensystems
Fingerhut	Blätter	Herzbeschwerden
Goldregen	vor allem Samen	Störung des Nervensystems, sehr gefährlich!
Hyazinthe	Zwiebel	Verdauungsbeschwerden
Maiglöckchen	Blätter, Blüten, Samen, Wurzeln	Herzrhythmusstörungen, Verdauungsbeschwerden
Mistel	Beeren	Herzbeschwerden
Narzisse	Zwiebel	Verdauungsbeschwerden
Oleander	Blätter, Zweige, Samen	Herzbeschwerden
Schwertlilie	Wurzeln	Ernsthafte Verdauungs=störungen
Wunderbaum	Samen	Bereits 3 – 4 Samen wirken tödlich

Der Blumenregenbogen

Christrose
Engelstrompete
Lilie
Maiglöckchen
Margerite
Maßliebchen
Narzisse
Schneeball
Schneeglöckchen
Weißdorn

Erika
Flieder
Glyzinie
Herbstastern
Herbstzeitlose
Küchenschelle
Krokus
Leberbalsam
Schwertlilie
Veilchen

Blaukissen
Ehrenpreis
Enzian
Glockenblume
Kornblume

Leberblümchen
Lobelie
Rittersporn
Traubenhyazinthe
Vergißmeinnicht

Forsythie
Ginster
Goldregen
Königskerze
Mimose

Osterglocke
Ringelblume
Schlüsselblume
Sonnenblume
Winterling

Amaryllis
Geranie
Hibiskus
Kaiserkrone
Mohn

Nelke
Pfingstrose
Rose
Tulpe
Weihnachtsstern

Algiermalve

INHALT